DEVISES
HEROIQVES
ET
MORALES.

DV P. PIERRE LE MOINE,
de la Compagnie de IESVS.

A PARIS,
Chez AVGVSTIN COVRBE', dans la petite Salle
du Palais à la Palme.

M. DC. XLIX.

L'IMPRIMEVR
AV LECTEVR.

Ectevr, ie te donne icy en vn corps, ce que tu as peut-eſtre déja veû par pieces. Le preſent n'en eſt pas moins nouueau, ny ne t'en doit eſtre moins agreable. Et ſi des parties ſeparées & en deſordre, ont pû tenter la conſcience d'vn Inconnu qui ſe les eſt attribuées ; il eſt à croire, qu'vn corps iuſte & regulier, accompagné de ſens & d'eſprit, & paré meſme de la main des Muſes, ne ſe trouuera pas indigne de ton eſtime. Ce corps eſt diuiſé en deux parties, ſelon les deux differentes eſpeces de Deuiſes qui le compoſent. Les premieres qui ſont

les Heroïques, font des eloges d'vn mot
& d'vne figure ; & ont esté faites pour des
Personnes de condition & de vertu eminente. Les secondes, qui font les Morales,
font des leçons abregées; & comme ie l'ay
oüy dire, des dogmes par extrait, & vne
Philosophie en essences. Au reste, parce que
la Deuise, qui est vne Similitude suspenduë
& fans attache, peut souffrir autant de fens
differens, qu'elle souffre de conuenances;
on a trouué à propos de t'interpreter cel-
les-cy ; & d'arrester par vne courte explica-
tion, la similitude qui est vague & comme
imparfaite dans la Deuise. Par là tu feras
foulagé de la peine d'aller chercher de fauf-
fes interpretations au loin ; & tu auras la
fatisfaction de voir en mefme temps &
tout d'vne veuë, le tableau & le sujet, la
copie & l'original. Encore te faut-il dire
vn mot de l'artifice des vers adiouftez à ces
Deuises. Ce n'en font pas de simples interpretations ; ce font pluftoft d'autres Deui-

ses mieux marquées & plus estenduës, plus distinctes & plus acheuées que les premieres. Ce sont des images à deux faces, & des portraits qui ont deux visées : & comme ils regardent de front le symbole qu'ils expliquent ; ils regardent aussi de front & sans détour, ou la personne ou le sujet à qui s'aplique le symbole. Iusques icy on ne s'estoit point auisé, ny d'expliquer ainsi les Deuises, ny de les parer de la sorte. Cét artifice ne te blessera point la veuë, si tu l'as assez instruite, & assez disciplinée pour le connoistre : & tu auoüeras ie m'assure, qu'il est de semblables ouurages, comme des peintures en petit, & comme des desseins, qui ont tout l'esprit des grands tableaux, & n'en ont pas la masse ny l'embarras.

ON a veû quelquefois des langes victorieuses;
& l'Histoire parle auec merueille, d'vn de nos
Roys, lequel estant porté en maillot à la teste de ses
troupes, deffit vn party, & gagna vne bataille. La
merueille n'a pas esté moindre de nos iours, de voir
vn cercueil couronné & des funerailles triomphan-
tes : & l'Histoire ne doit pas faire vn moindre recit
du feu Roy, lequel abattit l'Espagne & la Flandre,
qui s'estoient releuées à la nouuelle de sa mort, &
auoient eu la hardiesse de venir violer sa sepulture.
Cela se fit à la iournée de Rocroy, où ie ne voudrois
pas dire que son Ombre combatit, comme vn Grec
écrit que les Ombres des Soldats morts furent veuës
combattre apres la bataille qu'Attila donna à Valen-
tinian : mais ie puis dire, & il est vray, que sa Fortune
encore viuante y assista auec son Ame desia glorieuse;
& que les Ennemis furent deffaits par sa Reputation
& par sa Memoire, comme des chiens timides seroient
chassez par la seule montre d'vn Lyon mort.

L'ombre du mort les chasse.

V AINQVEVR *sur la campagne, & sur les monts vainqueur,*
Mon siecle ie remplis des marques de mon cœur,
Et fus en tous les lieux suiuy de la Victoire.
La terreur de mon Nom reste encore apres moy;
Ma Fortune suruit auecque ma Memoire;
Et de mes Ennemis ma seule Ombre est l'effroy.

SI vn Saint Pere a donné du raiſonnement aux abeilles, on peut bien donner du courage & du conſeil au Roy des abeilles. Il eſt vray que c'eſt vn Roy qui n'a point de ſexe ny de couronne : mais il a toutes les bonnes qualitez du premier ſexe ; il a toutes celles qui donnent de la force & de la grace aux couronnes. Il eſt actif & vigilant ; il eſt laborieux & magnanime ; il a vne grandeur moderée & bienſeante ; il a vne authorité qui ſe fait obeïr ſans violence, & qui eſt efficace ſans aiguillon. Tout ſon regne eſt vn regne de douceur : ſes victoires meſmes ſont innocentes & toutes pures : & bien loin de piquer ſon petit peuple, il ne pique pas meſme ſes ennemis. Le ſymbole ne ſçauroit eſtre plus iuſte, pour repreſenter les vertus, les deuoirs, & les fonctions de la Princeſſe, qui par naiſſance ou par élection doit faire la charge du Prince.

Il eſt

Il est Roy de courage, & non de sexe.

A Nation que ie regente,
Est industrieuse & vaillante,
Et de ses Ennemis triomphe sous mes
    loix:
La Victoire où ie suis cesse d'estre volage;
Et pour l'arrester dauantage,
Si ie n'ay le sexe des Roys,
I'en ay l'esprit & le courage.

B

LA pleine Lune qui monte à la place du Soleil couché , & la garde à son successeur,
faisant cependant comme vn iour moyen entre celuy qui n'est plus , & celuy qui n'est pas encore , est vn autre symbole des qualitez & des vertus que doit auoir la Princesse qui est esleuée au
gouuernement des Peuples.

Quand elle est seule elle égale le Soleil.

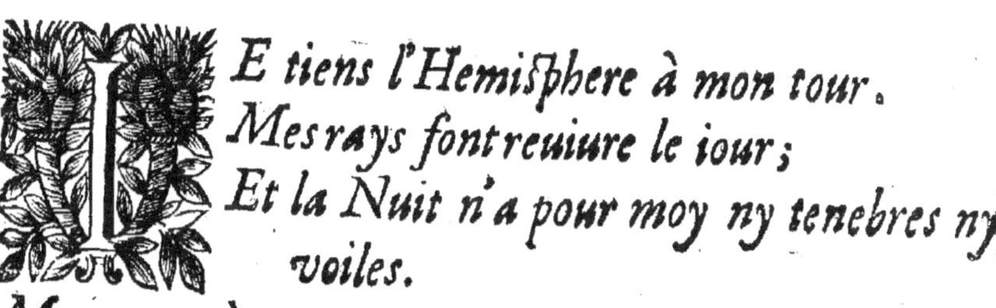

E tiens l'Hemisphere à mon tour.
Mes rays font reuiure le iour;
Et la Nuit n'a pour moy ny tenebres ny
    voiles.
Mon corps à mon Ange est pareil:
I'embellis de mes feux la face des Estoiles;
Et fais quand ie suis seule autant que le Soleil.

B ij

ON a cent fois comparé les Peuples auec les va-
gues de la Mer : mais ie ne sçay si l'Eloquence
qui gouuerne les Peuples, auoit encor esté comparée à cette Vertu superieure, à qui les Mers obeis-
sent. C'est la pensée de cette Deuise, où le Croissant
& les Ondes tirées des Armes de M. le President de
Mesmes, representent cette Magistrature d'esprit, &
cette Souueraineté d'Eloquence, par laquelle il regne dans les Assemblées. Aussi a-t'on dit de luy
qu'il estoit l'agreable Tyran des opinions ; & que la
violence de ses auis maintenoit le Droit & appu-
yoit la Iustice. On l'a veû sous le regne passé & sous
le present, conseruer l'authorité du Prince par l'authorité de sa parole ; on l'a veû émouuoir ou appaiser les
Esprits selon les diuers besoins de l'Estat ; & par là il
a fait voir que les Particuliers ont leur empire aussi
bien que les Souuerains, & que la Souueraineté la
plus absoluë n'est pas tousiours celle de la Pourpre.

Elle l'appaiſe & l'émeut.

JE gouuerne d'icy le calme & la tem-
    peſte,
Sous moy s'émeut le trouble, & le trouble
    s'arreſte ;
A mon illuſtre frein la Mer ſouſmet ſes flots :
Et ſelon que le veut le beſoin du bas Monde,
Mon puiſſant eſprit fait de l'onde
Le mouuement & le repos.

B iij

LA Grenade qui eſt vne Reyne naturelle, eſt aux Roys & aux Reynes, vne leçon veritablement royale & naturelle. Elle a vne couronne, & des cœurs ſans nombre ſous cette couronne : Et par là les Princes ſont auertis, que la Couronne eſt vne charge ſi peſante, & que les deuoirs en ſont ſi diuers & en ſi grand nombre, que pour bien porter cette charge, & pour remplir dignement tous ces deuoirs, ils auroient beſoin de pluſieurs eſprits & de pluſieurs ames; & que ſur tout, il leur faudroit autant de cœurs qu'ils ont de Suiets.

A teste royale, plusieurs cœurs.

M A naissance est auguste & ma race royale,
 A mon illustre sang nul autre ne s'é-
 gale;
I'ay de la maiesté l'esprit & la douceur;
D'vn rampart naturel ma force m'enuironne;
 Et i'ay pour remplir ma Couronne,
 Vne grande ame & plus d'vn cœur.

LE Phenix naiſt de la cendre de ſon pere bruſlé au Soleil ; & de cette cendre encore chaude luy vient cette inclination ſolaire, qui luy fait aimer le Soleil, & ſe tourner à ſa lumiere dés qu'il a les yeux ouuers & les aiſles libres. Ce ſymbole eſt noble & royal, & repreſente aſſez naturellement, l'inclination que le Roy encore enfant a euë apres le feu Roy ſon Pere pour vne Perſonne illuſtre, dont la vertu eminente a long temps fait l'honneur de la Cour.

Et moy

Et moy encore apres mon Pere.

QVE le feu de cét Astre est pur & glo-
    rieux !
Que le iour est puissant qu'il porte dans
    les yeux !
Et que son ascendant est fort sur l'Hemisphere !
    Mon cœur est à peine formé,
    Et sur les cendres de mon Pere,
Desia de ses rayons mon cœur est allumé.

C

TOVTES choſes ſont royales & ſouueraines en
la Roſe; elle eſt douce & maieſtueuſe; elle eſt
parée & modeſte; elle eſt belle & agreable, mais ſa
beauté eſt pudique, & ſes graces ſont de bonne o-
deur. On n'y trouue à dire que ſes eſpines : mais outre qu'il falloit des gardes à vne Reyne; & que la
pudeur & la beauté ne deuoient pas eſtre deſarmées
& ſans deffence ; ces armes ne luy oſtent rien de ſa
douceur, & ſes graces n'en ſont point changées. Par
là elle enſeigne, & aux Souueraines quelles armes ſont
à leur vſage; & aux Vertueuſes quelles coleres &
quelles ſeueritez ſont bienſeantes à leur ſexe.

Elle plaiſt quoy qu'elle ſoit armée.

M ON ſang eſt noble & pur, & mon ame
royale ;
Nulle autre beauté ne m'égale,
A conioindre la pompe auecque la pu-
deur :
D'vn air de maieſté ma grace eſt animée ;
Mon eſprit eſt de bonne odeur,
Et ie ne laiſſe pas de plaire eſtant armée.

C ij

LA Nature eſt accuſée d'auarice : elle ne donne ſes graces que par gouttes & l'vne apres l'autre : & ce n'eſt gueres ſa couſtume, d'enuoyer les fruits, qu'apres que les fleurs ſont paſſées. Cette auare neanmoins a ſes feſtes & ſes largeſſes ; elle a auſſi bien que la Fortune ſes fauoris & ſes fauorites : & il ſe voit quelquefois des perſonnes priuilegiées, à qui par vne grace pareille à celle qu'elle fait aux Orangers, elle donne des fruits de Printemps, & des fleurs d'Autonne.

Il garde sa fleur apres son fruit.

MES esprits sont doux & puissans;
Ie plais aux cœurs, ie plais aux sens;
Mon ombre mesme est estimée:
Le Ciel est tousiours beau qui surma teste
   luit;
Sous moy la terre est parfumée,
Et ie garde ma fleur encore apres mon fruit.

C iij

LEs Morts ont tousiours esté respectez, & de
tout temps on n'a eu guere moins de religion
pour les Tombeaux que pour les Autels. Cette religion neanmoins a esté violée en la personne du plus
grand Ministre que la France ait eu : & pour parler
en termes de deuise, ce Garde inuincible & infatigable, apres auoir courageusement deffendu la mai-
son & le voisinage contre les vsurpateurs ; apres a-
uoir chassé les Lyons, les Leopards & les Aigles, a
eu le malheur à sa mort, d'estre indignement rongé
des guespes ; c'est le nom qu'on a donné à vne infi-
nité de mauuaises Satires qui se sont attacheés à sa
memoire.

Et autrefois i'estois craint des Lyons.

INFATIGABLE garde & terrible chaſ-
ſeur,
Aux loups, aux eſtrangers, aux vo-
leurs i'ay fait peur,
Et du bruit de ma voix i'ay fait trembler la Terre.
Voyez où m'a reduit le caprice du Sort,
Moy qui défis Lyons & Leopards en guerre,
Ie me trouue rongé des gueſpes à la mort.

IE ne sçay pas bien, si c'est l'éleuation des grands Hommes, ou leur agitation continuelle, qui trouble la veuë de leurs spectateurs : mais il est certain que leur grandeur ne se voit iamais toute entiere qu'apres leur mort. Le Ministre qui est representé par cette colonne, a eu cela de commun auecque les autres; & soit qu'on le voye plus à l'aise & auecque moins de peine & moins d'enuie, depuis que la mort l'a abatu, soit qu'on ne luy trouue point de mesure ny de comparaison qui ne soit courte, sa grandeur est mieux reconnuë maintenant & plus estimée qu'elle n'estoit durant sa vie.

Ma

Ma chûte me fait paroistre plus grande.

'AGVERES que i'auois la teste dans les
    Cieux,
Vne moitié de moy cachée aux meilleurs
    yeux,
Se perdoit dans la nuë auecque la lumiere :
Maintenant que ie suis à terre & sans splendeur,
On me peut mesurer, on me voit toute entiere,
Et ma chûte fait mieux paroistre ma grandeur.

D

DEpvis la Grecque, qui eut la hardieſſe de dire que Rome eſtoit l'Olimpe de la Terre, la Cour n'a iamais manqué de flateurs qui l'ont comparée au Ciel. Si c'eſt vn Ciel, comme ils diſent, c'eſt vn Ciel qui n'a point d'autre harmonie que le hazart & le tumulte, qui ne connoiſt point d'autre Dieu, & ne ſuit point d'autre intelligence que la Fortune. Non ſeulement auſſi il tombe des Cometes de ce Ciel; il en tombe encore des Eſtoiles : mais les Cometes n'en apportent que de la fumée; & les Eſtoiles qui en tombent, ſont ſuiuies de leur lumiere & de leur gloire. Telle fut il y a quelque temps la diſgrace d'vne Perſonne illuſtre, & qui a des Eſtoiles l'innocence, la pureté, & l'inclination à bien faire. Iamais elle ne fut plus lumineuſe ny plus regardée; & la Fortune meſme qui auoit eſté la perpetuelle riuale de ſa vertu, l'a reſpectée, & a conſenty à ſon éleuation depuis cette chûte.

Elle tombe suiuie d'vne grande lumiere.

D E la Scene illuſtre & roulante,
Où long temps i'ay paru ſi belle & ſi bril-
    lante,
   Ie tombe ſans auoir merité mon mal-
    heur.
Mais ne me plaignez point; ie tombe toute entiere,
   Et i'apporte auec ma grandeur,
   Mon innocence & ma lumiere.

D ij

LE Duc d'Alue difgracié allant reduire le Portugal, fe plaignoit d'eftre enuoyé les chaines aux mains à la conquefte d'vne Couronne. Le faucon pourroit faire vne femblable plainte, quand on le porte à la chaffe auecque le chaperon & la longe. Des Capitaines d'auffi grande reputation que le Duc d'Alue, ont encore efté plus mal traittez de la Fortune; & nous en auons veûs de difgraciez & de prifonniers, apres des batailles gagnées & des Prouinces reduites. C'eft le fens de cette Deuife, où vn faucon attaché, fe plaint de ce qu'apres auoir chaffé fi long temps & auec tant de courage, pour recompenfe de fon courage & de fa chaffe, il ne luy refte que le chaperon & la perche.

Il ne me reste que les liens.

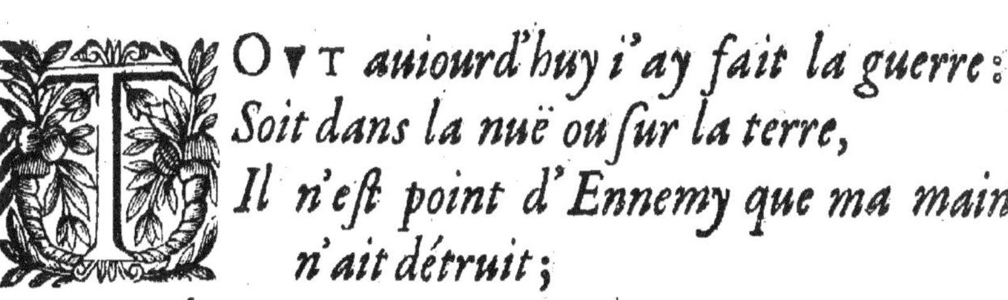

OVT auiourd'huy i'ay fait la guerre:
Soit dans la nuë ou sur la terre,
Il n'est point d'Ennemy que ma main
  n'ait détruit;
Et cependant recompense funeste,
  Pour tant de peine il ne me reste,
Que d'iniustes liens, & qu'vne obscure nuit.

LE Soleil attire , & les Cometes attirent auſſi:
mais les Cometes n'attirent que pour entrete-
nir leur grandeur & leur éclat; ne rendent rien de ce
qu'ils attirent, & ne ſont au Public que de ſplendides
obiets d'horreur & de haine. Au côtraire le Soleil n'at-
tirant que pour les beſoins communs, & rendant fide-
lement & iuſques à vne goutte tout ce qu'il attire,
ne s'agrandit pas d'vn ſeul rayon; conſerue ſon innocence & ſa pureté ; & comme il eſt le commun Bien-
faiteur des hommes, il reçoit auſſi des benedictions
de tous les hommes. On ne peut propoſer aux Admi-
niſtrateurs des finances, vn modele plus accomply ny
plus illuſtre que celuy-là : & on ne peut ſouhaiter vne
plus parfaite imitation de ce modele , que l'admi-
niſtration de M. le Preſident de Bailleul, pour qui cette Deuiſe a eſté faite.

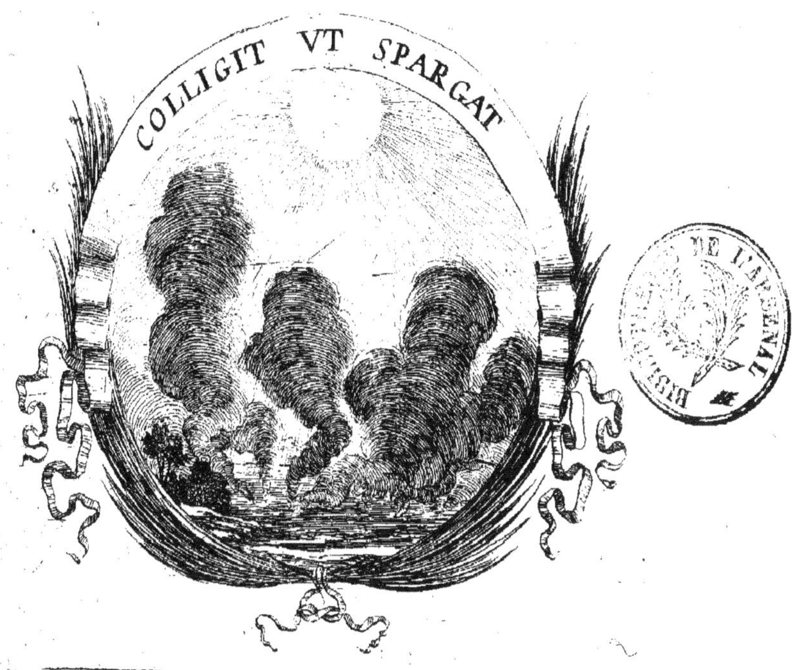

Il amasse afin de répandre.

OMMVN *Dispensateur de la vie & des biens,*
    Pour les besoins communs & non pas pour les miens,
I'éprains le pur esprit de la Terre & de l'Onde:
    Mais sans les presser ie l'éprains;
Et sans qu'il en demeure vne goutte en mes mains,
Ie le rends tout entier aux vsages du Monde.

LE regard, les esprits, & les larmes naiſſent de l'œil, comme trois beaux rayons d'vn bel Aſtre. Leur vertu neanmoins ne paroiſt iamais auecque toute ſa force, que quand vn deüil modeſte & bienſeant les aſſemble; & fait vn mélange pareil, à celuy qui ſe fait de la lumiere, de la couleur, & de la pluye dans vne nuë tranſparente. Mais ce beau deüil n'eſt pas de toute ſorte de perſonnes; il n'eſt que de ces Ames heroïques & lumineuſes qui peuuent eſleuer la triſteſſe, & luy donner de la grace & de l'éclat comme le Soleil en donne à la nuë : Et ie ne ſçay s'il eſt auiourd'huy vne Ame plus heroïque que celle dont parle cette Deuiſe.

II

Il luit quoy qu'il pleure.

Ovs le crespe coulant de ce moete nuage,
Estendu pour me faire ombrage,
A ruisseaux on me voit pleurer :
Mais la grace à l'ennuy sur mon front est
meslée;
Et ma face en deüil & voilée,
Ne laisse pas en pleurant d'éclairer.

E

Es grands Fleuues ont leurs païs auſſi bien que
les montagnes ; mais ils ne s'attachent pas à
leurs païs comme les montagnes. Ils vont au loin
en faire l'honneur par leurs courſes. Ils ſont aux Peuples des Mediateurs de reputation & deſintereſſez.
Ils ſont des lignes de communication aux parties de
la Terre les plus eſloignées. D'ailleurs ce ſont des li-
beraux ſans regret & ſans reſerue, & des bienfai-
ſans de toutes les heures & pour toute ſorte de
perſonnes. Mais ce n'eſt que du leur qu'ils ſont libe-
raux ; & il n'entre point de rapine en leurs bienfaits.
Ce ſymbole qui eſt vne piece des Armes de M. d'A-
uaux, eſt vne veritable expreſſion de ſes ambaſſades vtiles & glorieuſes à l'Eſtat ; de ſes negociations
admirées & benies de tous les Peuples ; & de cette
liberalité alliée des Graces & amie des Muſes, auec
laquelle il a fait ſi long temps l'honneur de la France par toute l'Europe.

Sa grande courſe a fait ſon grand nom.

ILLVSTRE & grand dés ma naiſ-
ſance,
De cent païs où ie m'auance,
Ie ſuis l'hoſte commun & le commun lien;
Et ſans rien deuoir qu'à ma ſource,
Riche & magnifique du mien,
Ie ſuis fameux par tout où me porte ma courſe.

LEs Aſtres ne peuuent eſtre particuliers ny ſedentaires, non plus que les Fleuues : & on les peut aiouſter à ces Dieux voyageurs de l'Antiquité, qui eſtoient les communs Bienfaiteurs de tous les hommes. Leurs courſes ne ſont pas ſeulement vtiles, elles ſont reglées & lumineuſes, & toutes leurs démarches ſont concertées, & ſe font par lemouuement d'vne Intelligence. Dauantage, ce ſont les langues viſibles de Dieu, ce ſont les Miniſtres du Roy des Temps & des Enuoyez à tous les Peuples : ce ſont les autheurs & les interpretes de la deſtinée des Empires. Les proprietez de ce Symbole, qui eſt encore des Armes de M. d'Auaux, ſont d'autres couleurs, qui repreſentent la gloire de ſes ambaſſades, l'importance de ſes negociations, l'vtilité & le luſtre de ſon miniſtere, l'éclat & la force de ſon intelligence ; & les grandes preparations qu'il a miſes à la tranquillité publique.

Ie suis pour plus d'vn Monde.

'AY porté mes rayons du Midy iusqu'au
    Nort ;
De cent Peuples diuers ie gouuerne le
    Sort ;
Ny les mers ny les monts ne bornent ma carriere :
Mon Destin m'a fait naistre à ce diuin employ ;
Et plus d'vn Monde attend de mon Ange & de moy,
    Le calme auecque la lumiere.

E iij

LA Tourterelle est aux Femmes vn excellent
modele de fidelité & de constance : & c'est sur
ce modele que l'Antiquité a fait les Artemises , les
Panthées, les Porcies, les Paulines, & les autres grandes ébauches , dont les traits demy effacez sont re-
gardez auec tant d'admiration dans l'Histoire. Mais
ce qui ne fut qu'ébauché de ce temps-là, a esté acheué
de nos iours en celle dont parle cette Deuise. Ses
vertus seront les originaux de l'auenir ; sa vie sera
la commune leçon des Heroïnes ; & au lieu des Fi-
deles en idée, & des Constantes fabuleuses , on n'al-
leguera plus que la solide fidelité & la veritable constance de Felice.

Elle plaint sa solitude.

V NESTE *exemple d'amitié,*
Ie plains de ma chere moitié,
La triste & déplorable perte:
Auec moy les zephirs la plaignent nuit
& iour;
Et dans ma solitude, affligée & deserte,
Ie n'ay societé qu'auecque mon amour.

IL n'eſt point de conſtance plus haute ny plus viſible que celle de la Lune; & il n'en eſt point de moins reconnuë ny de plus calomniée. Les changemens que nous luy voyons ſont de ſa fortune & non pas de ſon eſprit ; elle ne perd rien de ſa fermeté en perdant ſon luſtre ; & quoy que le mauuais temps luy oſte, il ne la fait iamais deſcendre de ſon rang, il ne la deſtourne iamais de ſa route. Dans ſes plus grandes défaillances, elle conſerue ſon éleuation & ſon aſſiette, elle ne marche ny plus lentement ny plus en deſordre ; elle ſuit également ſon intelligence. Cette ſi belle Conſtante eſt la belle image d'vne autre Conſtante qui n'eſt pas moins eſleuée qu'elle ; qui ſçait endurer de meilleure grace, & auec plus de dignité ; qui a de la lumiere de reſte, pour en donner aux plus mauuais iours ; qui ſouffre des éclipſes & des afflictions continuelles , & qui eſt touſiours pleine d'intelligence.

Elle

Elle est malade, mais soustenuë d'vne grande
Intelligence.

TOVSIOVRS *passe & deffaite, & tou-*
jours languissante,
Du mal-heur obstiné qui tousiours me
tourmente,
A peine ay-ie vne bonne nuit :
Ie suis ferme pourtant, ie retiens ma constance ;
Et suy d'vn pas égal la grande Intelligence,
Qui me soustient & me conduit.

F

CELA est estrange, que la Rose qui est si belle & si innocente soit si mal traitée. Son esprit est bienfaisant; son teint est le propre teint de la pudeur; & il y a peu de maladies que sa vertu ne guerisse. La merueille est, que sa beauté ne s'en va pas auec sa fraicheur, ny ne s'esteint auec sa vie. Elle est belle vieille, & belle morte; & sa pourriture mesme est de bonne odeur; ses cendres ont de l'esprit & de la grace. Neanmoins cette belle est malheureuse, & cette innocente est traitée en criminelle. Tous les vents luy font contraires; elle est piquée de tous costez; sa fin est ordinairement precipitée & violente; & apres auoir vescu parmy les espines, elle meurt dans vn fourneau, où l'ame luy est tirée à petit feu & goutte à goutte. Par là elle est l'image des Graces souffrantes & des Vertus malheureuses : & d'vne entre autres qui deuoit estre la plus respectée de la Fortune, & qui en a esté la plus mal traitée.

Elle est belle, mais affligée.

E suis de noble sang & dans la pourpre
    née;
D'vn riche cercle d'or ma teste est cou-
    ronnée,
Et par tout ma vertu laisse vne bonne odeur :
Mais, ô l'étrange sort d'vne belle affligée!
Des vents estant battuë & d'épines chargée,
Ma grace ne me sert qu'à parer mon malheur.

F ij

IL y a des Vertueuſes qui n'ont que ſes ongles &
les dents : toute leur deuotion eſt d'égratigner &
de mordre. Il y en a qui ſont toutes de feu & d'é-
pines ; elles piquent ou elles bruſlent , & perſonne
ne s'en approche qui ne le ſente. Peut-eſtre que ces
Vertueuſes ne ſont pas mauuaiſes pour le Deſert,
mais elles ne vallent rien pour le Monde. La pudeur
ne doit pas eſtre piquante, ny la deuotion incom-
patible : elles doiuent bien chaſſer le vice, mais elles doiuent le chaſſer de leur ſeul éclat, & par la
ſeule montre de leur lumiere. C'eſt la propre gloire
du Lys, de chaſſer les ſerpents ſans les piquer : & cette gloire eſt particuliere à vne Perſonne illuſtre re-
preſentée par cette Deuiſe. Sa pudeur eſt de ces fleurs
blanches & innocentes, qui ne piquent point, & qui
ne laiſſent pas d'eſtre de bonne odeur : elle a trouué
le temperament de la vie deuote & de la vie ciuile:
& les Vertus ne ſe voyent iamais chez elle qu'auec
les Graces.

Il les chaſſe ſans les piquer.

TOVTE *ma gloire eſt de ma pureté,*
Rien ne ternit l'éclat de ma beauté,
Et de douceur ma grace eſt animée.
L'air ſe parfume à l'odeur que i'épans;
De ma vertu la force eſt deſarmée;
Et ſans piquer ie chaſſe les ſerpents.

F iij

LE Soleil est beau en tout âge : il est beau dés qu'il se leue, & beau encore quand il se couche. Ses dernieres heures font autant de iour, & ont autant de spectateurs que les premieres : il n'est pas vn autre en son éleuation qu'à son déclin ; & soit au commencement, soit à la fin de sa carriere, il éclaire également, & est conduit par la mesme Intelligence. Ce symbole est la propre image d'vne Personne, qui a tousiours la mesme grandeur & le mesme éclat ; qui est tousiours également lumineuse & également intelligente ; qui a fait l'honneur de son siecle par vne ieunesse instruite & disciplinée ; & qui le fera encore long temps par vne maturité bienseante & de grand exemple.

Son visage & son esprit ne changent point.

MA course approche de sa fin;
Et mes rayons tournez vers leur déclin,
  Découurent la nuit qui s'auance.
En mon déclin pourtant iusqu'à l'extremité,
  Ie suy la mesme Intelligence,
  Et répans la mesme clarté.

LA Couronne que les Aſtrologues ont deſcou-
uerte dans le Ciel, n'eſt pas ſi éclatante, ny ſi
fameuſe que la Guirlande de Iulie. Les Muſes l'ont
faite elles-meſmes de fleurs immortelles & de plus
grand luſtre que les Eſtoiles. Elles pouuoient neanmoins, ces ſçauantes Filles, ſe diſpenſer de ce trauail.
Comme il y a vne Royauté ſans gardes & ſans armées;
il y a auſſi des Diadêmes ſans or & ſans pierreries : ces
Diadêmes ne ſont pas de la Fortune, ils ſont de
la Nature qui eſt plus ancienne & mieux inſtruite que
la Fortune, & qui fait des Souueraines plus reſ-
pectées & mieux obeïes que celles de la Fortune.
Vne Souueraine, des plus celebres de cét ordre, n'a-
uoit pas beſoin de guirlande : & la Nature l'ayant
couronnée de tant de lumiere, les fleurs des Muſes
ne luy pouuoient plus eſtre que ſuperfluës.

Ma

Ma Couronne est née auec moy.

BELLE *Reyne des fruits, belle Reyne des
fleurs,
De mon rang i'ay sur moy l'enseigne &
les couleurs,*
*Et nulle Royauté ma Royauté n'égale :
Ie tiens de mon esprit mille cœurs enchainez;
Et pour faire l'honneur de ma teste royale,
Et pourpre & diadême auecque moy sont nez.*

G

IL n'y a rien de si beau qui ne vieilliſſe. La ieuneſſe des plus belles fleurs eſt de peu d'heures ; la
Lune déchoit tous les mois & le Soleil s'éteint tous
les iours: Il n'eſt pas iuſqu'à la Nature, qui ne ſoit ſu-
jette à cette commune malediction ; & vne fois tous
les ans elle ſeche & deuient chenuë. Il ſe voit neanmoins vne Fleur priuilegiée, pour qui il n'y a point
de vieilleſſe. & ce qui eſt bien eſtrange, l'hyuer qui
dépoüille la teſte des montagnes, & qui change la
face de la Nature, ne luy ſçauroit changer le teint,
ny luy oſter vn poil de la teſte. Cette grace eſt de
fort peu de perſonnes : & ſoit qu'elle vienne d'vn
Eſprit lumineux & degagé, qui agit auec éclat ſur ſa
matiere ; ſoit qu'elle vienne de la propre actiuité de
l'Ame, qui ſe plaiſt à conſeruer la beauté du logis
qui luy fait l'honneur ; elle leur eſt vn preſage d'immortalité, & vne montre de la ieuneſſe eternelle
qui leur eſt promiſe.

Le Printemps eſt eternel pour moy.

EXEMPTE *des Hyuers, exempte des ri-*
gueurs,
Qui font vieillir , qui font mourir les
fleurs,
De mes beaux iours ie conſerue la grace :
Et ſans ſubir des ans la rigoureuſe loy,
Iamais de ma fraicheur le luſtre ne ſe paſſe,
Et le Printemps eſt eternel pour moy,

G ij

LEs vents qui soufflent contre le Soleil, & qui semblent le vouloir abattre, font des enuieux indiscrets & turbulents, qu'il s'est fait luy mesme par sa lumiere. Mais quelques nuages qu'ils amassent, & quelques tempestes qu'ils excitent, le Soleil ne pert rien de sa hauteur ny de sa clarté ; il marche tousjours d'vn pas égal ; il ne manque ny à sa route ny à son Intelligence. Et l'Esprit à qui ce symbóle est appliqué, quelque bruit que l'Enuie & la Médisance fassent au dessous de luy, se conseruera tousiours dans vne égale éleuation, & répandra tousiours également sa lumiere & sa renommée.

Ils ne m'osteront pas vn seul rayon.

MA lumiere m'a fait naiſtre ces Enuieux,
Qui de leur ſouffle iniurieux,
Pouſſent contre moy la tempeſte.
Mais ils ont beau tempeſte & nuages
pouſſer,
Ils pourroient le Ciel renuerſer,
Auant qu'il me tombaſt vn rayon de la teſte.

G iij

Vne nuë ardente de la lumiere & de la chaleur que le Soleil couché luy a laiſſée, repreſente icy l'éleuation & la conſtance d'vne amitié heroïque & victorieuſe de la mort. Il ſe voit aſſez d'exemples de cette amitié dans l'Hiſtoire : mais ce ne ſont la pluſpart que des Portraits faits de phantaiſie, ou des Figures mal correctes & hors de meſure. Noſtre Siecle en laiſſera de plus iuſtes & de plus naturels que ceux-là : & ſans parler de ceux qui ne ſont pas encore ſi publics, cette Vefue ſi illuſtre & ſi ſage, qui fait en France l'honneur de Rome, vaut toutes celles de ſon Païs ; & en vne ſeule Felice, il y auroit dequoy faire pluſieurs Porcies & pluſieurs Paulines. Comme la nuë qui fait le corps de cette Deuiſe, elle eſt eſleuée au deſſus de tout ce qui peſe & qui ſoüille ; elle n'eſt ſouſtenuë que d'vn feu celeſte & de pur eſprit ; & la mort qui eſteint toutes choſes, & qui luy a oſté ce qu'elle aymoit, ne luy a rien oſté de ſon amour.

Il est esteint, & il la brusle.

A Ce haut estage esleuée,
De l'Astre dont ie suis priuée,
l'accompagne la route & retiens la cou-
leur :
Il n'est ombre ny nuit qui m'en puisse distraire;
Son esprit nourrit ma chaleur,
Et tout esteint qu'il est, il m'enflame & m'éclaire.

QVoy qu'on die de la Grenade & de la Palme, le Laurier doit estre le plus noble & le plus glorieux de tous les arbres. Il ne se fait que des couronnes de ses feüilles, il ne paroist que sur les testes des Conquerans & des Poëtes, & n'est cultiué que par la Victoire & par les Muses. Sa mort mesme est de bonne odeur; & le bruit qu'il fait quand il brusle, est vne espece de reputation qu'il se donne. C'est le suiet & la pensée de cette Deuise, qui fut faite pour le feu Comte de la Roche-Guyon. Ce ieune Seigneur estoit comme vn beau rameau d'vne belle tige : on ne le destinoit qu'aux couronnes & aux triomphes: & il sembloit que les Muses ne l'eussent esleué que pour la Victoire. Mais le feu de son courage l'ayant porté trop auant dans le peril, au dernier Siege de Mardic, il y perit d'vne mort qui fut veritablement heroïque & de grand bruit, mais qui fut aussi regretée de toute la France, & qui sera le deüil eternel de la Vertu & des Graces.

Mon bruit eſt de ma mort.

BRANCHE *celebre & recherchée,*
Quoy que d'vn coup fatal à ma ſouche
    arrachée,
Ie ne puis ny ne dois me plaindre de mon
    ſort :
Ie reçois de l'éclat du feu qui me conſume ;
D'vne fameuſe odeur ma cendre ſe parfume ;
Et le bruit me vient de ma mort.

L'IMPRIMEVR

AV LECTEVR.

Es Deuises precedentes m'ayant esté données sans ordre, ie les ay imprimées sans ordre ; & n'ay pas crû qu'il fust de ma charge, de donner des rangs & des places, & faire le Maistre des ceremonies sans commission.

DEVISES

MORALES.

LA souffrance a de grands charmes quand elle est dans vn grand sujet : & souuent l'obstination qui resiste à la grandeur heureuse, voire à la grandeur bienfaisante, se rend à la grandeur affligée, & qui fait pitié. On ne regarde pas le Soleil, quand il est couronné de tous ses rayons, on fait mesme tout ce que l'on peut pour s'en deffendre; & il n'y a personne qui ne leue la teste, & qui ne soit en peine pour luy quand il s'éclipse. Il en est arriué de mesme à IESVS-CHRIST; sa passion a plus fait que sa doctrine & que ses miracles, plus que ses promesses & que ses menaces : & les Ames veritablement Chrestiennes experimentent tous les iours, qu'il n'y a rien, par où ce Soleil soit plus fort & plus bruslant, que par cette éclipse.

Il languit & ne laiſſe pas de bruſler.

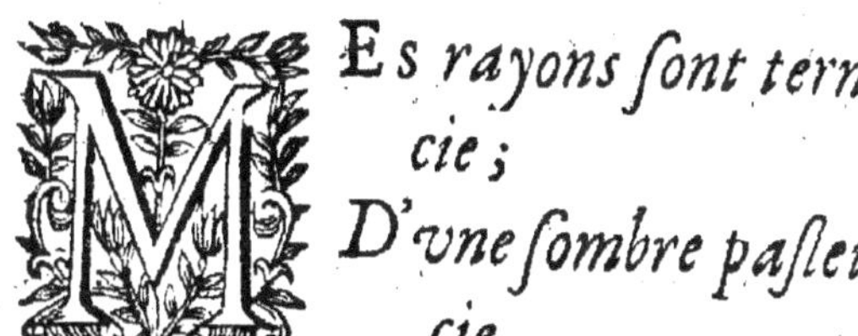

MES rayons ſont ternis, & ma face noir-
cie;
D'vne ſombre paſteur ma lumiere obſcur-
cie,
Bien à peine ſe peut de la nuit démeſler:
Ma langueur fait languir le Monde & la Nature;
Et quoy que preſque éteint des peines que i'endure,
Ie ne laiſſe pas de bruſler.

H

LE Pelican feroit icy vn corps noble & de belle montre : & le mot de cette Deuise, le pouuoit renouueller tout vieux qu'il est, & luy donner autant d'esprit qu'on luy en ait encore veû. Mais outre qu'il sent la fable, & qu'il falloit au moins vn nouuel esprit à vn nouueau corps ; il ne fait point d'expression, que l'Arbre de baume ne puisse faire aussi agreablement que luy , & auec d'aussi iustes conuenances. Cét arbre a la vertu des guerisons & des miracles : son sang purifie les playes & les ferme : il empesche la corruption , qui est la seconde mort des corps, & leur donne vne espece d'immortalité iusques dans leurs sepultures. L'importance est, qu'il le faut blesser pour auoir ce sang ; il luy faut ouurir le corps & les bras ; & par là il est le symbole de IESVS-CHRIST, qui a esté blessé pour nous guerir, & par sa mort a vaincu la nostre.

Ie suis blessé pour guerir les blessez.

L A vie & la santé ruissellent de mon
    corps;
  Ie sauue les viuans, ie conserue les
    morts;
Et ma vertu s'étend iusques aux sepultures.
Par mon sang tous les maux sont vaincus & chassez;
  Et mes salutaires blessures,
  Sont la guerison des blessez.

H ij

LEs eaux ne font pas la moins agreable partie d'vn païfage ; non pas les eaux mortes ny les pareffeufes, mais celles qui viuent & qui fe meuuent. Elles plaifent principalement lors que tombant fur des rochers, & roulant parmy des cailloux, elles fe purifient par leur chûte ; & paroiffent d'autant plus blanches, que leur lit eft plus rude & qu'elles font plus agitées. La vie des hommes, felon le mot de l'Efcriture, eft pareille à la courfe des eaux fur la terre. L'impureté, la corruption, la mauuaife odeur font de la profperité qui croupit, & qui eft fans exercice. Au contraire, l'innocence, la pureté, la reputation, & l'eftime font de la patience, qui eft toufiours battuë & toufiours preffée ; qui ne s'auance que pour fon agitation & par fes chûtes.

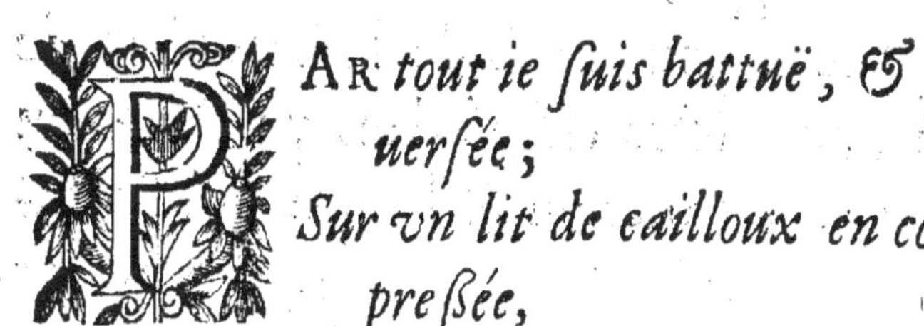

Elle blanchit estant battuë.

PAR tout ie suis battuë, & par tout tra-
    uersée ;
Sur vn lit de cailloux en contrainte &
    pressée,
I'ay peine à reposer & peine à me mouuoir.
C'est ma gloire pourtant d'estre si mal traitée ;
Moins ie suis en repos, plus on aime à me voir ;
Et i'ay plus de blancheur, plus ie suis agitée.

H iij

LA félicité du marbre n'est pas dans le repos de la carriere; & il n'est pas de son bien, qu'il demeure entier; que le fer ne luy oste rien; que sa masse & sa rudesse luy soient laissées. Il faut qu'il souffre le marteau & le ciseau; il faut qu'on le taille & qu'on le couppe, qu'il reçoiue des blessures, & fasse des pertes, pour auoir de la beauté & de la reputation, pour estre esleué dans vn Palais ou dans vn Temple. L'affliction & la mauuaise Fortune sont à la Vertu, ce que le fer & le Sculpteur sont au marbre : elle se commence & s'acheue, elle se taille & se polit par la souffrance: & ce n'est qu'apres de grands coups & de grandes pertes, qu'on luy donne vne base & vn tiltre, qu'elle a des spectateurs & des couronnes.

Mes pertes m'ont embellie.

NDIGESTE *autrefois & confuse matiere,*

    Quand i'estois toute entiere,
Ie n'auois que du poids & de l'obscurité;

Grace aux sçauantes mains qui m'ont si bien polie,
Mon merite & mon prix sont de leur dureté:
    Et mes pertes m'ont embellie.

LEs richesses sont à l'homme de bien, ce que les feüilles sont à l'arbre; elles luy font de l'honneur & luy sont vtiles, parce que la Vertu accommodée attire dauantage les yeux du Peuple, & a plus d'éclat & plus de credit, que la Vertu qui est nuë. Mais il ne fait pas de l'accessoire l'essentiel, ny de ses feüilles ses racines: Il n'ignore pas l'instabilité de ces pieces de montre & d'vsage; il sçait qu'elles ne tiennent qu'à vn filet, & qu'elles sont moins à la Vertu qu'à la Fortune. Aussi quand le temps se change, & que la Fortune contraire souffle, il luy rend le sien sans resistance & sans murmure; & ne change ny de cœur ny d'assiete sous le vent qui le dépoüille.

Ie les

Ie les rends volontiers.

O N ne me voit fous la tempefte,
Qui dépoüille mes bras, qui dépoüille ma tefte,
Ny le front abbatu, ny le corps eftonné;
I'ay le cœur grand & fort fous vne foible écorce;
Et rends au mauuais temps fans ployer fous fa force,
Ce qu'vn meilleur temps m'a donné.

I

LE Soleil n'eſt pas ſeulement l'œil de la Iuſtice, ſelon le mot du Poëte Grec, il eſt le miroir du Iuſte & le modele du Sage. Il n'y a rien de plus reglé ny de plus égal que luy. Il eſt apres Dieu, le Bienfaiſant le plus general & le moins intereſſé. Perſonne n'eſt excepté de ſes graces; il n'y a pour luy ny païs barbare, ny païs deſert; il change de maiſon tous les mois, & ne ſe change iamais; & on ne luy voit pas vne autre face quand il deſcend que quand il monte. Voila en deux traits le plus grand portrait qui ſe puiſſe faire du Sage. Il doit eſtre le meſme en tous les lieux & en tous les temps : ſa Patrie eſt par tout où il y a des hommes, par tout où il ſe peut faire du bien aux hommes : & parce que ſa grandeur eſt de ſa taille & non pas de ſon éleuation ; parce que ſa lumiere luy eſt propre & de ſon fonds, il eſt auſſi grand dans le bas eſtage que dans le haut ; & le iour qu'il fait eſt égal en quelque part que la Fortune le mette.

Il est le mesme dessus & dessous.

E suis le mesme en toutes les saisons;
Ie ne me change point en changeant dę
    maisons;
Et conserue par tout ma force & mon
    allure.
Ie monte sans orgueil , sans honte ie descens;
Et suis , quoy qu'il arriue en la basse Nature,
Egal en tous les lieux, non moins qu'en tous les temps.

IL semble que la reputation que le parfum gagne
en se bruslant, est vne chere reputation ; & qu'il
luy vaudroit mieux estre sans estime, que de se faire estimer par sa perte. Mais l'estime ne se gagne que
par là. L'éclat ne vient aux pierreries que par où elles sont diminuées : le fer donne le dernier prix à l'or:
la bonne grace du soldat est de ses blessures: & le feu
qui consume les Poëtes & les Heros, est celuy qui répand au loin leur nom, & qui fait leur gloire. Cette
Deuise, peut estre encore veuë d'vn autre sens: & en
ce sens, elle plaint l'inutile & pitoyable reputation
de quelques Esprits, qui sont les delices des Cabi-
nets & des belles conuersations, & sont mal-heu-
reusement tourmentez ou d'ambition, ou de ialou-
sie, ou de quelqu'autre feu caché qui les consume.

Il est loüé & il brusle.

POVR faire honneur aux Saints, ie mon-
te iusqu'aux Cieux,
Ie répans chez les Roys vn esprit pre-
cieux;
Ie parfume la Cour, & parfume l'Eglise,
Dois-ie benir ou maudire mon sort?
Ie brusle tandis qu'on me prise;
Et ne me fais loüer que par ma mort.

LA querelle eſt iuſte & l'émulation legitime des deux Amours, qui debattent d'vne branche de palme. La Nature n'a point d'arbre amant que celuy-là : & l'Hiſtoire n'a point d'amant plus ferme ny plus paſſionné , plus deſintereſſé ny plus pur. Les Palmes aiment en tout temps & iuſqu'à la mort : & quoy que les tempeſtes les battent, quoy que les années les faſſent vieillir , ny les tempeſtes ny les années ne les font iamais changer. S'il en meurt vne de vieilleſſe ou d'accident, la delaiſſée meurt de langueur & de triſteſſe , & cette triſteſſe eſt le premier exemple qu'on a veü des afflictions mortelles & des veufuages inconſolables. Dauantage, il ne ſe meſle ny pretention ny intereſt à leur amitié : elles n'en profitent pas d'vne ſeule feüille : & s'aimant d'vne inclination ſi forte & ſi perſeuerante ſans ſe toucher, elles nous apprennent, que le vray amour eſt plus de l'ame que du corps ; & qu'il y doit entrer plus d'eſprit que de matiere.

Elles s'aiment & ne se touchent point.

Os esprits sont vnis *&* nos corps sepa-
 rez;
Nos cœurs sont sans effort l'vn de l'au-
 tre attireᴢ;
Et sans voix nostre amour s'exprime:
Le poids est noble & doux dont il nous fait pancher,
Et par vne discrete & mutuelle estime,
 Nous nous aimons sans nous toucher.

LE Phenix n'a point de sexe ny de pareil ; il aime hautement & en lieu où il ne peut toucher que des yeux ; il n'y a que de l'intelligence & de la lumiere, en ce qu'il aime ; & s'il se brusle à cette lumiere, c'est sur vn bûcher de canelle, c'est d'vn feu innocent qui ne le tourmente point , & qui ne luy fait point de fumée. Nous sommes auertis par là , d'éleuer nos affections au dessus du corps & de la masse : de ne leur souffrir rien de màteriel que ce qui peut entrer par les yeux : de ne viser qu'à ce beau abstrait & à ce lumineux dégagé , qui éclaire ce qu'il échauffe , & qui purifie ce qu'il attire : de n'admettre aucun feu qui ne soit d'enhaut & de bonne odeur : & pour abreger cette Philosophie en vn mot, d'aimer aussi purement, que si nous estions faits comme ces Cherubins qui n'ont que les aisles & la teste.

II

Ie ne m'enflame que de lumiere.

S**A**NS *sexe comme sàns pareil,*
Ie ne prens feu qu'aux rayons du Soleil;
Et de ma mort ie fais ma vie.
Mon tourment est illustre, & mon feu parfumé;
Et par vn amour digne & d'honneur & d'enuie,
Ie suis chaste & suis enflamé.

K.

IL n'y a point de feu qui soit de durée que le feu elementaire; & sa durée luy vient de sa pureté & de son éleuation. Il n'y a point d'amitié constante que celle qui est toute pure; qui ne s'attache point au corps; qui ne prend point de nourriture materielle, & qui est de la haute partie de l'ame. Celle-là ne s'éteint iamais, & quelque reuolution qui se fasse dans le bas Monde, son action est tousiours viue, & sa flame tousiours égale. Toutes les autres qui sont de la basse region, & qui se prennent à la matiere, ne sont que des feux folets; vne petite vapeur les allume, vn petit souffle les éteint : & la flame ne s'en conserue pas mieux dans les cedres & dans les palmes, que dans les espines & dans la paille.

Il est éternel, parce qu'il est pur.

PROCHE *voisin du Ciel* , *allié du So-*
leil ,
Dans l'estage où ie suis ie n'ay rien de
pareil;
Ma flame sans matiere est innocente & pure:
Iene crains ny broüillas, ny deluge, ny vent;
Et subsistant sans nourriture,
Ie subsiste eternellement.

K ij

IL se peut bien dire, que l'horologe est le dire-
cteur des particuliers & du Public, le modera-
teur des actions & du repos, la mesure du temps
& la regle de la vie. Il a vne tranquillité agissante
& de seruice; il se meut insensiblement & sans trouble; & par tous ces traits, il est comme vn portrait
du Sage, qui ne fait rien que de iuste & de com-
passé, rien qu'auec harmonie, & par mesure. Mais
il est particulierement le symbole de ses amitiez,
qui luy font des poids, selon le mot de S. Augustin; ie ne dis pas des poids qui le chargent; ie dis
des poids qui le meuuent & le font agir : mais qui le
meuuent reglémeht & le font agir auec iustesse; qui
le tiennent tousiours éueillé & tousioursen l'air; &
en font comme vn Planete officieux, qui roule con-
tinuellement & sans bruit pour le seruice de ses amis.

Mon mouuement se fait de mon poids.

INFATIGABLE *iour & nuit,*
Ie marche sans repos, sans erreur & sans
   bruit,
Quelque saison qu'il fasse, & quoy qu'il
   se rencontre.
I'agis tousiours & parle rarement ;
Ie suis le mesme au cœur, que ie suis à la montre ;
  Et de mon poids ie fais mon mouuement.

K iij

LE feu du Buiſſon ardent ſi renommé dans l'Eſcriture, n'eſtoit pas de ces feux licencieux, qui
ne reſpectent aucune matiere ; qui bruſlent la pourpre comme la bure ; qui noirciſſent iuſques aux thrô-
nes & aux couronnes, & ne pardonnent ny aux
Palais ny aux Egliſes. Il eſtoit innocent & retenu ;
il ne fumoit point & ne faiſoit point de cendre ; il
honoroit ſa matiere, & donnoit de l'éclat à des épines meſmes & à des feüilles. Le feu de la charité, &
le feu des amitiez honneſtes, viennent de meſme
ſource & ſont de meſme nature que celuy-là. Ils
ſont ardens & modeſtes ; ils reſpectent leur matiere & luy font honneur ; ils ne laiſſent ny cendre ny
fumée qui la noirciſſe ; & la flame en eſt illuſtre &
de bonne odeur à quelque ſujet qu'elle ſe prenne.

Innocemment.

A naiſſance eſt celeſte & ma forme di-
uine;
D'vne meſme vertu i'échauſſe & i'il-
lumine;
Il n'eſt vent ny brouillas qui me puiſſe obſcurcir;
Et d'vne pure ardeur ma matiere allumée,
Sans s'abattre ny ſe noircir,
Ne fait ny cendre ny fumée.

BIEN que S. Denys ait dit que l'amour estoit extatique; il est certain neanmoins qu'il en est fort peu d'extatiques. Ils sont presque tous interessez & proprietaires; ils demeurent presque tous dans la conuoitise, qui est attirante & resserrée, & de mille, à peine en trouue-t'on vn seul qui aille iusques à l'amitié qui pousse au dehors & qui fait l'extase. Cette Deuise est l'expression d'vn Amy de cette sorte d'amitié; l'interest luy est vne idole inconnuë : il est aussi aueugle pour la Fortune, que la Fortune le sçauroit estre pour luy : il conte ses gains par ses seruices ; & s'il ne peut seruir & se rendre agreable qu'en se perdant, il contera ses gains par ses pertes.

Que ie

Que ie perisse pourueû que ie plaise.

D'VN *noble feu mon ame consumée,*
Suit de mon corps l'honorable fumée;
Et par vn sort nouueau ma vie est de
    mourir.
La chaleur m'est amie, elle m'est aduersaire,
    Et mon but n'estant que de plaire,
    Il ne m'importe de perir.

L

CETTE ceinture de feu qui enuironne le Monde, & qui eſt vne des plus importantes pieces
du Monde, n'eſt veuë de perſonne: & ie ne ſçay par
quelle fatalité, tous les autres feux qui ſont les plus
nobles ſont les moins viſibles. On ne peut viure &
voir Dieu, qui eſt la ſource & le terme de tous les
beaux feux. On ne voit que la plus materielle partie
des Aſtres; & ces Miniſtres de feu qui les gouuer-
nent nous ſont entierement inuiſibles. Il y a dans
tous les corps vn eſprit de feu qui ne ſe peut voir
des yeux du corps. Plus la Charité eſt parfaite, & plus
elle fuit l'oſtentation & le Public. Les plus grands
courages ſont les plus retenus; & les Amitiez les plus
hautes & les plus heroïques, ſont les plus modeſtes,
les plus couuertes & les plus ennemies de l'éclat &
de la montre.

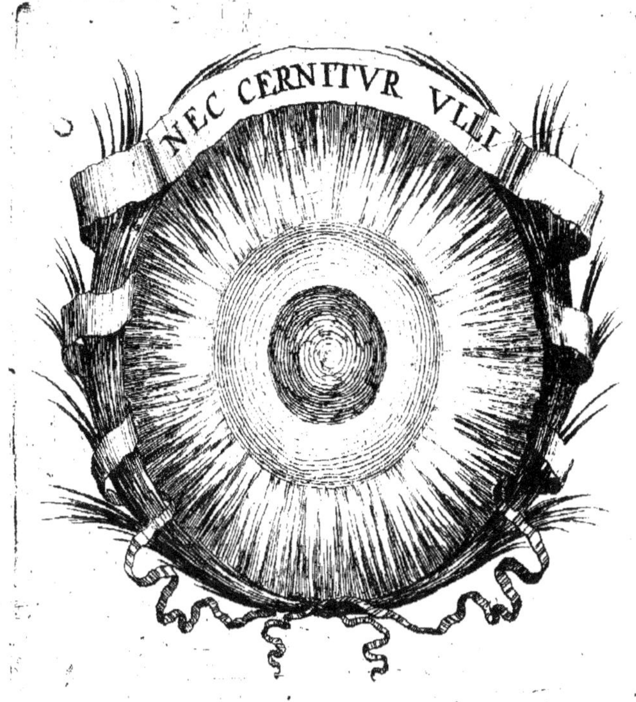

Il n'est veû de personne.

ESLOIGNE' *de la terre, esloigné des ma-*
tieres,
Qui pourroient estouffer ou noircir mes
lumieres,
Ie me nourris d'esprits nobles & glorieux :
Le Ciel qui m'entretient luy mesme me courronne;
Et pour n'auoir point d'enuieux,
Ie ne me découure à personne.

L ij

IL y a vn mot de l'Euangile, qui nous ordonne de faire de bons exemples de nos bonnes œuures : & il y en a vn autre, qui nous en deffend la montre, pour nous en asseurer la recompence. La Charité qui est discrete, se partage entre ces deux commandemens: elle donne à l'exemple ce qu'elle luy doit ; mais elle oste tout ce qu'elle peut à l'ostentation : & parce qu'elle sçait, qu'vn feu découuert ne peut estre de durée, elle ne souffre aux siens, qu'autant d'ouuerture qu'il leur en faut pour seruir, ou de leur chaleur, ou de leur lumiere. Il en est de mesme de la haute Amitié, qui est ou la subalterne, ou l'alliée de la Charité : elle ne se répand point en vaines fumées, ny en bruits inutiles: elle n'affecte point l'éclat, ny ne cherche les spectateurs : elle se contente de la plenitude de son cœur ; & ce qui en sort pour donner chaleur à son action, est vne décharge necessaire, & non pas vne effusion de montre.

Plus dedans que dehors.

A Nature à mes feux n'a rien fait de
    pareil ;
Ceux qui sont allumez dans le corps du
    Soleil,
Ont la chaleur moins viue, & la flame moins belle.
Ils surmontent la pluye, ils resistent aux vents ;
Et ce que i'en fais voir n'est rien qu'vne étincelle,
    De ce que i'en cache au dedans.

L iij

LE Lierre ne quitte iamais vn arbre à qui il s'eſt vne fois attaché : il l'embraſſe vieil & dépoüillé, comme il l'a embraſſé ieune & verdoyant : il n'y a point de vent ny de greſle, il n'y a point de tempeſte ny de foudre, qui l'en puiſſe ſeparer : & encor apres que la mort l'a abbatu & qu'il eſt pourry, il luy eſt auſſi vny que s'il eſtoit debout & en vie. Le ſymbole eſt noble & bien marqué, pour nous enſeigner que l'amitié n'eſt pas ſeulement vne ſocieté pour le Printemps, & pour les beaux iours : qu'elle doit eſtre de toutes les ſaiſons & de tous les âges : que ſes liens doiuent eſtre plus forts que le fer que l'on donne au Temps, & que celuy-là meſme que l'on donne à la Fortune : & qu'il faut eſtimer iuſqu'à l'écorce & à la cendre d'vne perſonne qu'on a aimée ; qu'il faut garder fidelité à ſon ombre meſme & à ſa memoire.

Il n'est point vieux pour moy.

LIÉ des bras, lié du cœur,
Au cher appuy de mon bonheur,
Ie dépite la mort, & braue la tempeste:
Le temps qui détruit tout luy garantit ma foy;
Et quoy que la vieillesse ait dépoüillé sa teste,
Il est encor ieune pour moy.

IL n'y a point de religion qui oste la chaleur au feu : le sacré est aussi ardant que le prophane : & des papillons se bruslent aussi bien à vn cierge beny qu'à vn autre. Cela veut dire, qu'il n'est pas seur de se trop fier à la vertu d'autruy : qu'il n'en est point de si consacrée ny de si modeste, aupres de laquelle on ne doiue estre sur ses gardes : que la deuotion a ses pieges & ses attraits aussi bien que la licence : qu'elle peut estre scandaleuse sans estre coupable : & qu'il n'y a que les roses sans espines, & que les Vierges sans corps, qui ne sont point dangereuses.

Quoy

Quoy que sacré il ne laisse pas de brusler.

MON corps est pur & plus pure est mon
    ame;
La Pieté me nourrit d'vne flame,
Qui me consume & les iours & les nuits;
Mais que sert-il de feindre?
Ie suis encor à craindre,
Et pourrois vous brusler tout sacré que ie suis.

M

IL n'y a rien de pur en ce Monde : il n'y a rien qui plaiſe innocemment, & qui attire de bonne foy : & il eſt des choſes les plus regardées & les plus couruës, comme de ce buiſſon ardent; elles piquent par où elles éclattent. Le plus beau des Aſtres eſt le plus malfaiſant; le plus noble & le plus illuſtre des Elemens eſt le plus ruineux; la plus agreable de toutes les fleurs eſt la plus piquante. D'ailleurs le feu de la pourpre a ſes eſpines; les diamans des Couronnes ont leurs pointes; les meres du miel ont leur aiguillon; la bonne Fortune a ſa rouë, & le haut de cette rouë a ſes cloux auſſi bien que le bas; & de tous les rayons qui ſe ſont répandus de la face de Dieu ſur la matiere, celuy qui iette le plus d'éclat eſt le plus dangereux & le plus à craindre.

Il pique par où il brille.

PAR *la lumineuſe couronne,*
Qui m'éclaire & qui m'enuironne,
Des cœurs comme des yeux ie ſuis l'eſtonnement:
Mais que perſonne ne s'en flatte;
Ma lumiere n'eſt qu'vn tourment,
Et ie pique autant que i'éclate.

M ij

ON a tousiours crû, que la beauté estoit vne souueraineté de droit naturel; vne royauté qui n'est
ny electiue ny de succession; vn empire sans prouince
& sans armées. Il est plus croyable, que c'est vne Tyran-
nie qui est authorisée de la Nature, qui est agreable &
violente, qui est le tourment & le plaisir de ceux qui
la souffrent. Elle fait des prisonniers sans prison, & des
esclaues sans chaisnes : elle donne la torture à l'esprit
sans toucher au corps : & en cela particulierement
elle ressemble au Basilic, qu'estant née comme luy
la couronne sur la teste, comme luy elle est fatale à
ceux qui la voyent ; comme luy elle tuë sans blesser, & est homicide autant de fois qu'elle regarde.

Il tuë sans blesser.

Vec moy ma puissance est née;
I'ay d'vn cercle fatal la teste couronnée;
Et porte dans les yeux droit de vie & de mort.
Sans cordes & sans fers ie donne la torture;
Et par vn insensible & dangereux effort,
Ie puis tuer sans faire de blessure.

IL n'y a point de bon mot à dire, qui n'ait esté dit de la Rose. Saphon l'a declarée Reyne des fleurs; & a dit qu'elle estoit l'œil du Printemps & la pourpre de la Terre. Vn autre eust pû dire qu'elle est vn escarboucle viuant, vne estoile vegetable, vn feu parfumé. Elle peut estre tout cela en vers; en deuise, elle est l'image de ce bien fragile & dangereux, qui est tout composé de feux & de traits, qui brusle & qui blesse par la veuë, qui est souuent le peril & le deshonneur du sujet qui le possede, & quasi toujours le tourment de ceux qui s'en approchent.

Elle est toute flame & toute flesches.

RIVALE des *Astres des Cieux,*
I'attire les cœurs & les yeux;
Et le nombre est petit de ceux qui s'en deffendent.
Mais que ce petit nombre euite de regrets!
  Pour le tourment des lasches qui se rendent,
Ie suis toute de flame, & suis toute de traits.

LEs Vieillars follicitateurs de Sufanne iuſtifient la verité de cette Deuiſe, où vne montagne ardente & couuerte de neige, enſeigne que le feu eſt à craindre aux teſtes blanches , comme aux te-ſtes vertes : qu'il ſe prent auſſi bien à la pourriture qu'à la fleur : que s'il y a vne enfance de cent ans, comme parle l'Eſcriture , il peut bien y auoir vne ieuneſſe de meſme âge : qu'il peut y auoir vne verdeur apres la ſaiſon , comme il y a vne maturité auancée: & que la ſageſſe & la vertu ſont de la grace de Dieu, & de la force de l'eſprit , & non pas de la foibleſſe du corps ny de la ruine des années.

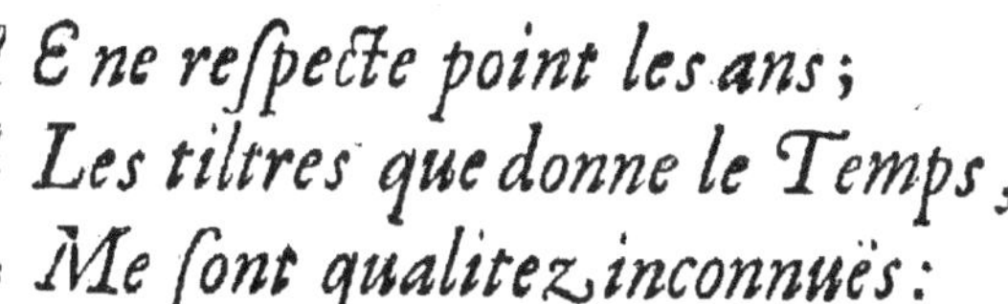

Il n'épargne point les testes blanches.

E ne respecte point les ans;
Les tiltres que donne le Temps,
Me sont qualitez inconnuës:
Ie ne distingue point ses neiges de ses fleurs;
Et mes plus grands bûchers, mes plus fortes ardeurs
Se font sous des testes chenuës.

N

CE symbole est instructif de quelque costé qu'on le prenne. S'il est pris pour ce Buisson mysterieux, sur lequel Dieu descendit, auec vn feu innocent & sans fumée ; il enseigne que la Charité est du desert : qu'elle s'ayme sur les montagnes & dans les lieux esloignez de la boüe & du tumulte : & qu'on la voit plus ordinairement dans les ronces, que parmy les fleurs. Il enseigne encor en ce sens, qu'vn Dieu souffrant est la propre matiere du saint amour ; & qu'il n'y a rien à quoy son feu se prenne plustost, qu'à la la croix, aux cloux & aux épines du Caluaire. Au contraire, si ce feu est pris pour vn feu materiel & de la basse region, il enseigne, que la solitude que Dieu ne garde point est mal asseurée : que le feu se prent aux épines mesmes qui ne sont pas arrosées de la grace : & que l'incontinence est quelquefois la punition de l'austerité orgueilleuse.

Il brusle parmy les épines.

*VSTERE en mon habit, austere en mon
    sejour,
Ie vis loin des Citez, & plus loin de la
    Cour,
Herißé iusques aux racines :
Mais tout cela me sert de peu,
Ny le desert ny les épines,
N'ont pû me garantir du feu.*

IL n'y a rien de si froid qui ne s'échauffe; rien de si dur ny de si fort d'où il ne sorte du feu. Il en sort du fer & de l'acier; il en sort du marbre & des cailloux; il en sort mesme des ossemens des Lyons morts. Par là nous sommes auertis, qu'il n'y a point de suejt où la Nature ne prenne feu, si la Grace ne l'en preserue : qu'il n'y a point de temperament inuincible, si cette eau diuine n'y est meslée : & que la dureté la plus austere & la plus sauuage n'en est pas exempte, s'il n'y tombe quelque goutte du Ciel qui l'amolisse.

Il se trouue mesme dans les durs.

E Monde est plein de feu de l'vn à l'au-
    tre bout;
  Par tout il se répand, il penetre par
    tout;
Il est l'ame des corps, il est l'esprit des ames:
Il se prend sous les monts, il se prend sur les flots;
Iusqu'au cœur des rochers il s'allume des flames;
Et les plus fiers Lyons en portent dans leurs os.

N iij

LA Nature armée de dogmes, & fortifiée par la Philosophie, n'est pas plus heureuse contre les passions, que la Nature toute nuë & abandonnée. Au contraire, plus la Philosophie l'endurcit & la resserre en soy-mesme, & plus elle la dispose à l'action du feu, qui est plus violent contre les sujets qui se pressent deuant luy, que contre ceux qui se retirent. Il faut donc apprendre de cette Deuise, & du mot du Sage, que la moderation & la continence, sont de la grace de Dieu, & non pas de la fermeté du cœur, ny de la force de la raison : & cette grace, selon S. Augustin, n'est pas pour les rochers des montagnes qui luy resistent ; elle est pour la terre des vallons qu'elle penetre.

Plus il est dur, & plus il est ardent.

DE QVOY *me sert ma longue resistan-*
ce,
Si dans mon sein ie porte la semence,
De cét esprit ardent dont ie suis allu-
mé ?
Et force & dureté contre luy me sont vaines ;
Plus ie suis dur, plus i'endurcis mes veines,
Et plus enfin ie m'en trouue enflamé.

LEs aiſles ont eſté données aux abeilles, parce qu'elles ont à viure dans le miel, qui leur eſt comme vne glu naturelle, & vn piege domeſtique. Il ſemble qu'elles ſeroient bien plus neceſſaires à l'homme, pour qui toutes les creatures ſont gluantes, & pour qui il y a par tout des pieges & des filets. Mais que feroit-il de ces aiſles, puis qu'il peut eſtre pris de loin & où il n'eſt pas; puis qu'il ne faut qu'vn ton de voix ou vn regard, puis qu'il ne faut qu'vn ouy dire pour le prendre? Il ne ſe peut garantir qu'en s'attachant à la Croix ; qu'en ſe iettant dans le cœur de celuy que l'amour a attaché à la Croix. Ces liens le ſauueront de toute ſorte de filets ; & ſa liberté luy ſera gardée, tant qu'il gardera cette priſon.

Sa

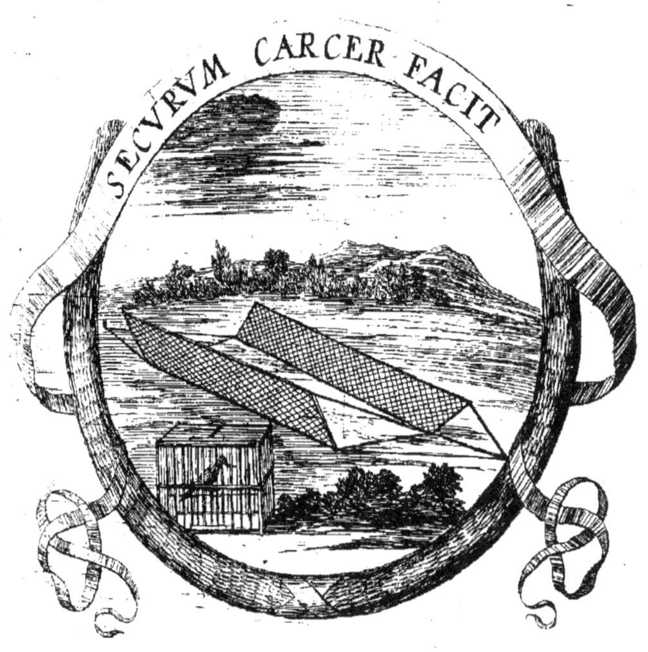

Sa prison l'asseure.

ELVY *qui le premier m'osta la liberté,*
Me mit en seureté :
De sa grace ie suis hors de prise & de crain-
te.

Pieges, appas, filets, sont pour moy superflus ;
Pour moy la fraude est vaine, inutile est la feinte,
Vn prisonnier ne se prent plus :

O

IL y a des prisons sans murailles & sans portes ; il y a des tenebres de midy ; il y a des chaisnes où il n'entre ny fer ny acier, & qui sont plus dures que le fer , & plus fortes que l'acier. De ces prisons, de ces tenebres , & de ces chaisnes , il se fait des esclaues qui se croyent leurs maistres , parce qu'ils sont laissez sur leur foy ; & cependant ils ne sont que leurs geoliers & leurs gardes. Ie mets en ce rang, tous ceux qui ont le cœur attaché , qui ont la raison obscurcie & liée, qui ont perdu la liberté de l'esprit. Ces gens-là ne sont pas moins prisonniers, quoy que leurs prisons marchent auec eux. Ce sont des forçats qui donnent mouuement à leur galere : ce sont des Demons qui sont accompagnez de leur enfer : ce sont des faucons échapez auec le chaperon & la longe ; en quelque part qu'ils aillent, ils portent leur nuit & leur chaisne.

Ma nuit & mes liens me suiuent.

A liberté n'est plus en mon pouuoir;
En vain ie fuis afin de la r'auoir;
De ma prison la closture est trop forte:
En quelque lieu que i'aille elle me suit;
Et ie porte par tout où mon aisle me porte,
Prisonnier égaré mes liens & ma nuit.

O ij

IL n'y a point de chasse plus dangereuse que celle des cœurs : elle ne se termine guere que par la prise du chasseur ; & c'est principalement de ceux-là qu'il est écrit , que leurs mains font des pieges pour leurs pieds. Outre qu'on ne poursuit que ce qu'on estime ; & que l'estime est vn commencement d'attache : c'est vne estrange proye que le cœur humain ; il ne suit que le cœur, & ne se donne qu'au cœur ; & quelque appas qu'on luy presente , s'il n'y a du cœur, il est impossible de le prendre. Cela regarde la vanité de certaines personnes, qui se plaisent à faire des captifs, & qui ont tous les iours quelque piege à tendre. Elles ne lient qu'autant qu'elles sont liées : & leur chasse est ordinairement la chasse de la choüette , qui ne prent qu'apres qu'elle est prise.

Elle ne prent point si elle n'est prise.

C HASSEVSE *attachée & captiue,*
Pour faire des captifs, moy mesme ieme priue
Du plaisir innocent qui suit la liberté:
C'est la loy de ce jeu, pour vaincre il se faut rendre;
Pour arrester il faut estre arresté;
Et qui n'est point pris ne peut prendre.

O iij

IL y a vn éclat funeste, qui attire tous les yeux, & qui fait mal à tous les yeux qu'il attire. Cét éclat est celuy des Riches que l'iniustice & la Fortune ont faits à la haste. En vn moment ils s'éleuent de la terre où ils sont nez : ils montent à la plus haute region du grand Monde : ils donnent de la jalousie aux Astres par leur bruit, & les effacent de leur lustre; ils font des spectacles publics de leur pompe particuliere, & de leur magnificence priuée; & cette pompe est le sang & la substance de leur Patrie mourante; cette magnificence est des entrailles & de l'esprit de leur malheureuse Mere qu'ils ont déchirée.

FIN.

Ils luisent de la mort de leur Mere.

ILLVSTRE *Mere & renommée,*
D'vn feu glorieux animée,
I'éleue mes Enfans à la iuste grandeur:
Et mes Enfans d'vn esprit de vipere,
Pour luire d'vne courte & fatale splendeur,
Déchirent le sein de leur Mere.

F I N.